ORDONNANCE DU ROI,

Concernant les Milices garde-côtes des provinces de Picardie, Normandie, Poitou, Aunis, Saintonge & Guyenne.

Du 16 Mars 1756.

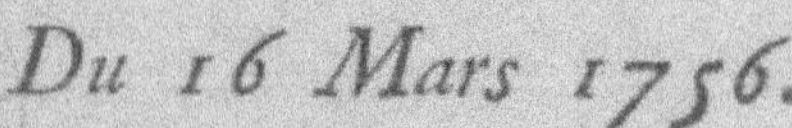

A PARIS,

DE L'IMPRIMERIE ROYALE.

M. DCCLVI.

ORDONNANCE DU ROI,

Concernant les Milices garde-côtes des provinces de Picardie, Normandie, Poitou, Aunis, Saintonge & Guyenne.

Du 16 Mars 1756.

DE PAR LE ROI.

SA MAJESTE étant informée que le service des Milices garde-côtes est entièrement négligé, soit par le peu de soin qu'on a eu à exercer les compagnies détachées de ces Milices, suivant ce qui est prescrit par les ordonnances & réglemens, soit par le défaut de subordination des habitans des paroisses sujetes à la

A ij

garde-côte, lesquels ne se présentent point aux revûes avec l'exactitude convenable, & ne sont point pourvûs des armes, équipemens & munitions qu'ils doivent avoir chez eux en tout temps, conformément à l'article VI, titre VI du livre IV de l'ordonnance de la Marine du mois d'août 1681, & à l'article III du titre V du règlement du 28 janvier 1716, concernant le service de la garde-côte; Elle auroit preserit par son ordonnance particulière du 25 du mois dernier, ce qu'Elle veut être observé dans la province de Bretagne pour le service des Milices garde-côtes de ladite province. Et voulant pareillement mettre plus d'ordre & de règle qu'il n'y en a eu par le passé dans le service des Milices garde-côtes des provinces de Picardie, Normandie, Poitou, Aunis, Saintonge & Guyenne, Elle a jugé à propos de réduire à un moindre nombre celui des capitaineries garde-côtes desdites provinces; d'établir des Inspecteurs généraux desdites capitaineries; de fixer le nombre & la force des compagnies détachées qui seront formées dans chaque capitainerie; comme aussi de dispenser les habitans des paroisses maritimes desdites provinces de se fournir d'armes à leurs frais, en faisant délivrer un armement uniforme auxdites compagnies détachées, dont la dépense, ainsi que celles qui seront fixées annuellement pour le service ordinaire de la garde-côte, seront payées des deniers qui seront à ce destinés. A quoi desirant pourvoir, Sa Majesté a ordonné & ordonne ce qui suit:

ARTICLE PREMIER.

Tous les habitans non classés dans les paroisses garde-côtes des provinces de Picardie, Normandie, Poitou, Aunis, Saintonge & Guyenne, depuis l'âge de dix-huit ans jusqu'à

5

soixante, continueront d'être assujétis au service de la garde-
côte, & lesdites paroisses seront exemptes, comme par le passé,
de fournir des hommes pour les Milices de terre.

I I.

POUR réduire le nombre des capitaineries garde-côtes,
il sera incessamment fait, sur l'avis de l'Amiral de France, &
des Gouverneurs ou Commandans généraux dans lesdites
provinces, une nouvelle division des capitaineries, Sa Majesté
révoquant les réglemens précédemment rendus pour la division & l'étendue des capitaineries garde-côtes desdites provinces, & se réservant de fixer par de nouveaux réglemens,
ce qu'Elle voudra être observé à l'avenir à cet égard.

I I I.

IL sera établi un Inspecteur général des Milices garde-côtes
dans la province de Picardie, trois Inspecteurs généraux en
celle de Normandie, suivant l'étendue de côte qui sera fixée
à chacun d'eux; un seul Inspecteur général pour les trois provinces de Poitou, Aunis & Saintonge, & un pour celle de
Guyenne, lesquels auront la direction & le commandement
général des capitaineries de leur département, sous l'autorité
du Gouverneur général & du Commandant général dans la
province, & rendront compte de toutes leurs opérations au
Secrétaire d'Etat ayant le département de la marine.

I V.

CHAQUE capitainerie sera commandée par un Capitaine
général, & il sera nommé un Major avec un Aide-major,
pour avoir particuliérement le détail de ce qui concernera
les compagnies détachées.

V.

LES Inspecteurs généraux auront rang de Colonel, les

Capitaines généraux de Lieutenant-colonel, les Majors de Capitaine, & les Aides-majors de Lieutenant d'Infanterie.

V I.

JOUIRONT les Inspecteurs généraux, les Capitaines généraux, Majors & Aides-majors, de l'exemption de tutelle, curatelle, nominations à icelles & autres charges de ville, & de tous les priviléges portés par l'article V du titre Ier du règlement du 28 janvier 1716.

V I I.

LES compagnies détachées garde-côtes qui seront formées dans chaque capitainerie, seront toutes à l'avenir de quatre-vingts hommes chacune, à l'exception de la province de Picardie où elles seront de cinquante hommes seulement, & le nombre desdites compagnies détachées dans chaque capitainerie, sera fixé par les règlemens énoncés en l'article II.

V I I I.

CHACUNE desdites compagnies détachées de quatre-vingts hommes, sera commandée par un Capitaine & deux Lieutenans, & celles de cinquante hommes n'auront qu'un Lieutenant, lesquels auront rang entre eux, suivant la date des Commissions & Lettres que Sa Majesté leur fera expédier.

I X.

CHAQUE compagnie détachée de quatre-vingts hommes, sera composée de quatre Sergens, quatre Caporaux, quatre Anspessades, soixante-six Fusiliers & deux Tambours : mais sur le nombre des quatre-vingts hommes, il y en aura vingt qui seront particulièrement affectés au service du canon des batteries de la Côte, dont les quatre premiers seront nommés Canonniers-chefs, & les seize autres, Aides-canonniers, lorsqu'ils se rendront aux batteries pour le service du canon.

7

X.

LES compagnies de cinquante hommes seront composées de deux Sergens, trois Caporaux, trois Anspessades, quarante-un Fusiliers & un Tambour, & fourniront douze canonniers pour le service aux batteries.

X I.

SA MAJESTÉ révoque, tant les provisions & commissions dont sont actuellement pourvûs les Capitaines, Majors & Lieutenans des capitaineries garde-côtes desdites provinces, lesquels continueront néanmoins de jouir pendant leur vie des mêmes exemptions & priviléges dont ils jouissoient, que les commissions des Capitaines de compagnies détachées dans toutes les paroisses maritimes desdites provinces; voulant que lesdits Officiers garde-côtes qui pourront être choisis pour remplir les mêmes emplois dont il sont actuellement chargés, obtiennent d'Elle de nouvelles provisions & commissions pour pouvoir les exercer.

X I I.

VEUT Sa Majesté que les Capitaines généraux, Majors & Aides-majors desdites capitaineries garde-côtes, prennent sur leurs provisions & commissions, l'attache de l'Amiral de France, devant lequel ils prêteront serment, ou devant ses Lieutenans aux siéges d'Amirauté, dans le ressort desquels ils seront établis, & y fassent enregistrer leurs provisions & commissions. Veut aussi Sa Majesté que les Capitaines des compagnies détachées, prennent l'attache de l'Amiral de France sur leurs commissions, lesquelles seront enregistrées par extrait au greffe de l'Amirauté du ressort.

X I I I.

LES emplois d'Officiers de l'Etat-major des capitaineries

garde-côtes, & des compagnies détachées, seront donnés par préférence aux Officiers actuellement dans le service de la garde-côte, qui ont ci-devant servi dans les troupes réglées, & qui se trouveront encore en état de servir; comme aussi à des Officiers retirés chez eux, qui seront également en état de servir.

X I V.

LES Inspecteurs généraux, chacun dans leur département, proposeront au Secrétaire d'Etat ayant le département de la marine, les Officiers pour les emplois qui seront à remplir dans l'Etat-major des capitaineries, & le Capitaine général de chaque capitainerie, ne proposera les Officiers pour les places vacantes dans les compagnies détachées, qu'après qu'ils auront été agréés par l'Inspecteur général de la province.

X V.

LES Officiers de l'Etat-major des capitaineries, & ceux des compagnies détachées, ne pourront s'absenter de l'étendue de leur capitainerie, sans en avoir obtenu la permission du Commandant général dans la province; & lorsqu'ils seront dans le cas de s'absenter pour plus de quinze jours, ils seront tenus de s'adresser au Secrétaire d'Etat ayant le département de la marine, à l'effet d'obtenir un congé de Sa Majesté.

X V I.

VEUT Sa Majesté que pour dédommager les Officiers de l'Etat-major des capitaineries garde-côtes, des dépenses qu'ils seront obligés de faire à l'occasion de leur service, il leur soit payé par année; savoir, à chacun des Inspecteurs généraux trois mille livres, des Capitaines généraux des capitaineries quatre cens quatre-vingt livres, des Majors quatre cens vingt livres, & des Aides-majors trois cens soixante livres.

XVII.

LES hommes qui formeront les compagnies détachées de chaque capitainerie, seront pris sur tous les habitans sujets au service de la garde-côte, dans les paroisses qui seront affectées à chaque capitainerie par les réglemens énoncés en l'article II de la présente ordonnance, lesquels fixeront en même temps le nombre d'hommes qui sera fourni par chaque paroisse pour lesdites compagnies détachées, & détermineront les lieux d'assemblée, soit pour les revûes particulières de chaque compagnie, soit pour la revûe générale des compagnies détachées de chaque capitainerie.

XVIII.

LE service des Sergens, Caporaux, Anspessades, Fusiliers & Tambours dans les compagnies détachées, sera de cinq années consécutives, après lesquelles ceux qui auront servi pendant cinq ans seront licenciés.

XIX.

LA formation des compagnies détachées garde-côtes se fera par la voie du sort; à l'effet de quoi il sera sur les ordres des sieurs Intendans desdites provinces procédé incessamment par-devant les Subdélégués qu'ils commettront à cet effet, à la levée du nombre d'hommes que chaque paroisse devra fournir.

XX.

SERONT par préférence admis au sort les garçons, depuis l'âge de dix-huit ans jusqu'à quarante-cinq, de la hauteur de cinq pieds sans chaussure & les plus propres au service, & à défaut des garçons les hommes mariés y seront assujétis.

XXI.

LES garçons ou hommes mariés propres au service, qui

se présenteront de bonne volonté pour servir cinq années dans lesdites compagnies détachées, seront admis sans tirer au sort, & le nombre de ceux à faire tirer au sort dans la paroisse de laquelle ils seront habitans, sera diminué jusqu'à concurrence.

X X I I.

PERMET Sa Majesté à ceux auxquels le sort sera tombé pour le service dans les compagnies détachées, de se dispenser dudit service en mettant à leur place d'autres hommes de la même paroisse, & non d'aucune des autres paroisses garde-côtes, & ce avec l'agrément de l'Inspecteur général de la province & du Capitaine général de la capitainerie.

X X I I I.

LE licenciement devant être fait chaque année, de seize hommes dans les compagnies de quatre-vingts hommes & de dix dans celles de cinquante hommes ayans rempli leurs cinq années de service, & le cas ne pouvant se rencontrer pendant les quatre premières années, ceux qui, par maladie ou autrement, seroient les moins propres au service, seront licenciés par préférence; mais après lesdites quatre années révolues, on licenciera ceux qui auront rempli leurs cinq années de service, & les remplacemens se feront non seulement desdits hommes licenciés, mais aussi de ceux qui se trouveroient manquer par mortalité ou autrement.

X X I V.

LESDITS remplacemens seront faits par la voie du sort, & seront à la charge des paroisses de ceux qui auront été licenciés, & qui par mortalité ou autrement se trouveront manquer, sans qu'une autre paroisse soit tenue d'y contribuer, de manière que chaque paroisse ait toûjours dans la compagnie

11

détachée à laquelle elle devra fournir, le nombre d'hommes porté par les réglemens qui seront rendus pour la division des capitaineries de chaque province & pour celle des compagnies détachées.

X X V.

LES garçons licenciés ayant fini leurs cinq années de service dans les compagnies détachées, ne seront assujétis à tirer de nouveau au sort pour les remplacemens dans lesdites compagnies, qu'après deux années d'intervalle, & les hommes mariés après quatre années seulement.

X X V I.

LE tirage au sort dans les paroisses garde-côtes, soit pour la formation des compagnies détachées sur le pied porté par la présente ordonnance, soit pour les remplacemens qui seront à y faire d'une année à l'autre, sera fait de manière qu'au mois de mars de chaque année lesdites compagnies détachées soient chacune complètes au nombre de quatre-vingts ou de cinquante hommes, suivant ce qui est fixé ci-dessus.

X X V I I.

LES Subdélégués que l'Intendant de la province aura commis pour faire faire le tirage dans les paroisses garde-côtes, dresseront des rôles par paroisse & par compagnie des hommes qui se seront présentés de bonne volonté, & de ceux auxquels le sort sera tombé, dans lesquels rôles seront portés leurs noms & signalemens: les Subdélégués adresseront lesdits rôles à l'Intendant de la province, lequel enverra à chaque Capitaine général ceux qui concerneront sa capitainerie, pour la distribution en être faite par lui aux Capitaines des compagnies détachées de sa capitainerie: & tout le contenu en cet article sera également observé lors des remplacemens.

XXVIII.

APRÈS la remise defdits rôles aux Capitaines des compagnies détachées, chaque Capitaine choifira dans les hommes dont fa compagnie fera compofée, ceux qui lui paroîtront les plus capables de remplir les places de Sergens, Caporaux, Anfpeffades & Tambours; & fera tenu ledit Capitaine, de les faire approuver par le Capitaine général de la capitainerie.

XXIX.

IL fera pourvû au dédommagement des dépenfes & des foins que les opérations pour la levée des compagnies détachées garde-côtes, & pour les remplacemens qui feront à y faire chaque année, occafionneront aux Subdélégués, fur les états qui en feront dreffés par l'Intendant de la province.

XXX.

CHAQUE Infpecteur général, dans l'étendue de fon département, fera chaque année deux reviies générales des compagnies détachées de chaque capitainerie; l'une dans les mois d'avril & de mai, & l'autre dans ceux d'octobre & de novembre. Il avertira à l'avance le Capitaine général de la capitainerie, du jour qu'il aura fixé pour ladite reviie d'infpection dans fa capitainerie; à l'effet par ledit Capitaine général de faire affembler au jour indiqué les compagnies détachées de fa capitainerie, au lieu qui fera défigné par le règlement de chaque province; & lefdits Infpecteurs généraux, après chacune defdites reviies, en enverront l'extrait au Secrétaire d'Etat ayant le département de la marine.

XXXI.

EN cas de maladie ou d'empêchement de la part d'un Infpecteur général, il fera commis un autre Officier par ordre de Sa Majefté, pour en l'abfence dudit Infpecteur général

13

faire lefdites revûes générales dans fon département; defquelles il enverra pareillement l'extrait au Secrétaire d'Etat ayant le département de la marine.

XXXII.

DANS chacun des dix mois pendant lefquels il ne fe fera point de revûes générales des compagnies raffemblées de chaque capitainerie, il fera fait une revûe particulière & d'exercice de chacune defdites compagnies détachées, dans le lieu d'affemblée qui fera indiqué par ledit règlement de chaque province; laquelle revûe d'exercice fe fera par le Capitaine & le Lieutenant de chaque compagnie, au commencement de chaque mois, un jour de fête ou de dimanche.

XXXIII.

LE Capitaine général, le Major & l'Aide-major de chaque capitainerie, affifteront enfemble ou féparément auxdites revûes particulières, de manière que dans le courant de l'année chacun d'eux ait été préfent au moins une fois à l'une des revûes d'exercice de chaque compagnie détachée; & le Capitaine général rendra compte tous les trois mois au Secrétaire d'Etat ayant le département de la marine, defdites revûes particulières.

XXXIV.

LES armes qui feront fournies aux compagnies détachées garde-côtes, feront dépofées immédiatement après les revûes dans le magafin qui fera établi dans le lieu d'affemblée de chacune defdites compagnies détachées; & ne pourront lefdites armes être tirées dudit magafin que pour les revûes, ou pour d'autres caufes appartenantes au fervice, fur les ordres du Capitaine général de la capitainerie.

X X X V.

IL ne fera pareillement délivré que fur les ordres du Capitaine général de la capitainerie, de la poudre & des balles auxdites compagnies détachées, même pour les exercices lors des revûes.

X X X V I.

A la revûe générale d'octobre ou de novembre de chaque année, chaque Inspecteur général, ou celui qui aura été commis par Sa Majefté pour faire les revûes générales en fon abfence, fera en préfence du Subdélégué qui fera commis par l'Intendant de la province, le licenciement ordonné par les articles XVIII & XXIII ci-deffus, pour être enfuite procédé dans chaque paroiffe au remplacement, ainfi qu'il eft porté aux articles XXIII, XXIV, XXV, XXVI & XXVII.

X X X V I I.

TOUT Sergent, Caporal, Anfpeffade, Fufilier & Tambour des compagnies détachées, ne pourra pendant les cinq années de fon fervice s'abfenter de fa paroiffe pour plus de huit jours fans une permiffion par écrit de fon Capitaine, & fera tenu de fe trouver exactement aux revûes, tant générales que particulières, fous peine de trois jours de prifon contre ceux qui, fans excufe ou empêchement légitime, manqueroient de fe rendre aux revûes particulières, & de fervir fix ans au lieu de cinq, contre ceux qui manqueroient de fe rendre aux revûes générales, & même de plus grande peine en cas de récidive dans les deux cas.

X X X V I I I.

TOUS les Sergens, Caporaux, Anfpeffades, Fufiliers & Tambours des compagnies détachées, jouiront en temps
de

de paix, comme en temps de guerre, de l'exemption de la corvée pour la réparation des grands chemins; & ce, pendant le temps seulement qu'ils seront de service dans lesdites compagnies.

X X X I X.

VEUT Sa Majesté, qu'à chaque revûe générale il soit payé trois jours de solde aux compagnies détachées, à raison pour chaque jour de trois livres au Capitaine, vingt-cinq sols à chaque Lieutenant, dix sols à chaque Sergent, sept sols six deniers à chaque Caporal, six sols six deniers à chaque Anspessade & à chaque Tambour, & cinq sols six deniers à chaque Fusilier. Il sera aussi accordé trois livres par an à chaque Tambour pour l'entretien de sa caisse.

X L.

LES états d'appointemens des Officiers de l'Etat-major, ordonnés par l'article XVI ci-dessus, & ceux de la solde des compagnies détachées aux revûes générales, seront arrêtés tous les six mois par l'Intendant de la province, & payés lors des deux revûes générales par ceux qu'il commettra à cet effet; & lesdits états d'appointemens & solde, ensemble les comptes de payement d'iceux, seront envoyés après chaque revûe générale par l'Intendant de la province au Secrétaire d'Etat ayant le département de la marine.

X L I.

LE service des compagnies détachées garde-côtes, sera réglé en temps de guerre, par le Gouverneur général ou Commandant général dans la province, suivant l'exigence des cas. S'il est fait des détachemens aux corps-de-garde de défense & aux batteries, ils seront relevés au moins tous les

quatre jours; & fi le befoin exigeoit plus de quatre jours de
fervice dans le mois par le même détachement, il feroit pourvû
à la folde defdits détachemens, à commencer du cinquième
jour de fervice, jufqu'à celui auquel ils feroient relevés, &
ce fur le pied porté en l'article XXXIX, fi ce n'eft pour les
Canonniers-chefs & Aides-canonniers; lefquels, après lefdits
quatre jours révolus, feront payés, favoir, les Canonniers-chefs
à raifon de douze fols, & les Aides-canonniers à raifon de fix
fols chacun par jour.

XLII.

DANS le cas où lefdites compagnies détachées feroient
affemblées en corps pour la défenfe & la garde de la côte, il
fera pourvû à leur folde fur le pied réglé par l'article XXXIX.

XLIII.

LES habitans fujets au fervice de la garde-côte, qui refte-
ront dans chaque paroiffe après que les hommes qu'elle devra
fournir pour les compagnies détachées, en auront été tirés,
formeront une compagnie, laquelle fera nommée compagnie
du Guet.

XLIV.

CHAQUE compagnie du Guet aura un Capitaine avec un
ou plufieurs Lieutenans, fuivant que par la force de la paroiffe
elle fe trouvera être plus ou moins nombreufe, & lefdits
Capitaines & Lieutenans du Guet feront choifis parmi les
principaux habitans de la paroiffe & feront nommés par le
Capitaine général de la capitainerie, qui leur donnera des
commiffions, & lefdites commiffions feront vifées par l'Infpecteur général du département & approuvées par le Gouverneur ou Commandant général de la province.

16. Mars 1756

17

X L V.

LES compagnies du Guet ne feront affujéties à aucun
fervice en temps de paix ; les habitans defdites paroiffes feront
feulement tenus de s'affembler chaque année lors du tirage
pour la contribution qu'elles auront à fournir aux compagnies
détachées, & il en fera fait pour lors une revûe ou dénom-
brement, dont le rôle fera dreffé par les Syndics & Mar-
guilliers des lieux, conjointement avec le Capitaine & les
Lieutenans de la compagnie du Guet, & en préfence du
Subdélégué qui fera commis par l'Intendant de la province
pour le tirage de la paroiffe ; lequel rôle apoftillé de l'âge,
profeffion & taille de chacun des habitans fera remis par le
Subdélégué à l'Intendant de la province, & par lui envoyé
par extrait au Sécrétaire d'Etat ayant le département de la
marine.

X L V I.

LESDITES compagnies du Guet feront affujéties en temps
de guerre à fournir les détachemens néceffaires pour les poftes
de vedettes fur les lieux élevés de la côte, à l'effet d'y faire
les fignaux dont on fera convenu fuivant les circonftances,
& de porter les avis d'un lieu à un autre.

X L V I I.

LESDITS détachemens feront relevés au moins tous les
quatre jours, & feront ordonnés par le Capitaine général de
la capitainerie, après en avoir pris l'ordre du Gouverneur
ou Commandant général dans la province, & ils feront aux
ordres des Officiers des compagnies détachées garde-côtes
qui fe trouveront être de fervice aux corps-de-garde de défenfe
& aux batteries.

XLVIII.

IL sera pourvû à la dépense à faire pour armer uniformément les compagnies détachées garde-côtes, qui seront formées en conséquence de la présente ordonnance, comme aussi à celle du magasin pour le dépôt des armes & leur entretien, ledit armement consistant pour chaque Soldat en un fusil avec la bayonnette, une cartouche, un pulverin, & une bandoulière pour porter la cartouche & le pulverin : & Sa Majesté a dispensé & dispense les habitans desdites paroisses & communautés garde-côtes de se fournir d'armes, ainsi qu'ils y étoient assujétis de tout temps, & notamment par l'article VI, titre VI du livre IV de l'ordonnance de la Marine du mois d'août 1681, & par l'article III du titre V du règlement du 28 janvier 1716, auxquels Elle a dérogé & déroge à cet égard.

XLIX.

IL sera pareillement pourvû aux fonds nécessaires pour les appointemens annuels des Officiers de l'Etat-major, & pour la solde des compagnies détachées, lors des revûes générales, suivant ce qui est fixé aux articles XVI & XXXIX ci-dessus.

MANDE & ordonne Sa Majesté à Mons. le duc de Penthièvre Amiral de France, aux Gouverneurs ou Commandans généraux esdites provinces de Picardie, Normandie, Poitou, Aunis, Saintonge & Guyenne, & autres Officiers généraux employés sous l'autorité desdits Gouverneurs & Commandans généraux & autres Officiers qu'il appartiendra ; comme aussi aux sieurs Intendans & Commissaires départis

esdites

19

esdites provinces, de tenir la main, chacun en droit soi, à l'exécution de la présente ordonnance. FAIT à Versailles le seize mars mil sept cent cinquante-six. *Signé* LOUIS. *Et plus bas,* MACHAULT.

LE DUC DE PENTHIEVRE
Amiral de France.

VÛ l'ordonnance du Roi, des autres parts, à nous adressée, avec ordre de tenir la main à son exécution. Mandons & ordonnons à tous ceux sur qui notre pouvoir s'étend, de la faire exécuter suivant sa forme & teneur : laquelle ordonnance sera lûe, publiée & affichée par-tout où besoin sera. FAIT à Putteaux, le dix-neuvième mars mil sept cent cinquante-six. *Signé* L. J. M. DE BOURBON. *Et plus bas,* Par son Altesse Sérénissime. *Signé* ROMIEU.